Te 10/108

PÉTITION

D'INTÉRÊT UNIVERSEL

PRÉSENTÉE A L'AUTORITÉ,

Afin qu'il me soit permis de constater dans un hôpital, sous les yeux de commissaires nommés par elle , l'efficacité d'une nouvelle méthode de traiter toutes les maladies sans jamais verser le sang des malades.

Ecrit soumis à tous les Souverains dans la personne de leurs ambassadeurs ; recommandé aux vœux de tous les hommes , et nécessaire , dans toutes les familles , pour les préserver du fléau de la saignée.

Nouvelle Edition du Résumé et de la défense de la doctrine de l'Auteur sur la saignée , avec des augmentations ;

ET

TRAITÉ SOMMAIRE

SUR

LA CRITIQUE ,

Dans lequel on réclame contre l'oppression que les Journaux font peser sur la pensée , et l'on provoque la création d'un *Tribunal des lumières* pour juger les ouvrages.

Par Jean — Antoine GAY,

Ci-devant Médecin d'un hôpital de Montpellier ; reçu Médecin à Montpellier en 1785 , et Membre de l'ancienne Société d'Agriculture et des Arts de la même ville.

PARIS,

Chez { PETIT , Libraire au Palais-Royal , n.º 257.
{ M.me JACOB, Libraire au Palais-Royal , n.º 203.

Et chez l'Auteur , rue Royale , Butte S.-Roch , n.º 11.

Mars 1818.

De l'Imp. de P. N. ROUGERON, Imprimeur de S. A. S. Madame la
Duchesse Douairière d'Orléans, rue de l'Hirondelle, n.º 22.

PÉTITION

D'INTÉRÊT UNIVERSEL

PRÉSENTÉE A L'AUTORITÉ.

J'AI terminé mon *Traité contre la saignée* par un dilemme que je crois sans réplique.

Ou le sang, ai-je dit, est pur ou il est souillé.

S'il est pur, il est évident qu'il faut le conserver.

S'il est souillé, il n'est pas moins évident qu'on ne sauroit le purifier en le versant, et qu'on n'a autre chose à faire alors que de le corriger.

Donc, comme il faut garder son sang quand il est de bonne qualité, et le garder aussi quand il est impur, il s'ensuit qu'il ne faut jamais le répandre.

Ce n'est, j'ose le dire, qu'en imaginant des systèmes qu'on peut obscurcir des notions aussi claires. Or, les systèmes sont l'ouvrage des hommes ; et toute doctrine à qui il faut l'appui des hommes, et qui n'a pas le sien dans l'évidence, est justement suspecte d'erreur. S'il ne faut croire une doctrine

A

que parce qu'Hippocrate, Galien, Boerhaave l'ont crue, elle ne mériteroit donc pas créance si ces hommes n'eussent point existé. Cette doctrine n'est donc point la vérité; car la vérité est indépendante des hommes; elle existe par elle-même. Son éclat frappe à l'instant tous ceux à qui on la présente; et pour l'accréditer, il est inutile de dire : un tel et un tel l'ont crue. On la montre, et chacun dit : c'est elle.

Que si vos systèmes opèrent un pareil genre de conviction, la vérité est en eux; car c'est là le signe positif de la vérité. Mais si leurs auteurs, ainsi que je le pense, ne les ont jamais compris, comment espérez-vous de me les faire comprendre, et si je ne les comprends pas, de me les faire croire ?

Toutefois je ne puis me dispenser de convenir que l'opinion générale aujourd'hui est, que la saignée est utile dans certaines maladies; mais je pense en même temps que, si chacun se rendoit compte de sa croyance, il s'assureroit qu'il a cru sur parole et non sur conviction, c'est-à-dire que l'erreur d'un homme a entraîné celle de tous. Mais une erreur multipliée par des milliards d'erreurs ne donne jamais que l'erreur pour produit. Nous nous trompons aujourd'hui comme nos devanciers se sont trompés. Et si nous transmettons cette erreur à nos neveux, elle ne leur parviendra que plus ancienne, mais non pas plus respectable.

(5)

Les abus de la saignée, dira-t-on, sont blâmables sans doute, et plusieurs auteurs se sont élevés contre ces abus. Mais depuis que le monde existe, nul individu encore n'a avancé, n'a du moins prouvé, que la saignée soit toujours pernicieuse. A-t-il été réservé à vous seul de voir la vérité sur ce point? comment voulez-vous que nous croyons que tout le monde se trompe, excepté vous? cela est impossible.

Je ne prétends pas être infaillible, et je puis me tromper tout comme vous; cependant je n'en trouve pas meilleur un argument qui tend à repousser toute découverte, attendu qu'on n'en peut faire si l'on est obligé de penser comme tous les autres. Le mot *découverte* exprime qu'un homme a vu ce que n'a vu personne avant lui. Doit-il taire ce qu'il a vu, parce qu'on l'accusera d'innover? et où en serions-nous, si nos prédécesseurs avoient été accessibles à cette crainte? Nous ne jouirions ni de l'imprimerie, ni d'aucun des arts qui instruisent la terre, la consolent ou l'embellissent. Prouvez donc que je me trompe, s'il est vrai que je me trompe; mais ne me blâmez pas de ne pas penser comme les autres; car il est possible que ce qui, au premier aspect, vous paroît une erreur, soit au fond un bienfait public.

Cette question n'est pas même si difficile à résoudre qu'elle vous le paroît d'abord. Faut-il tirer

A*

du sang aux hommes? est une question pareille à celle-ci : faut-il leur couper un doigt, un bras, un pied? On dira qu'on ampute ces parties quand elles sont gangrenées; je l'avoue; mais d'après votre objection même, on ne devroit donc verser le sang que lorsqu'il est vicié. Or, on a vu plus haut que l'état vicié du sang ne présente qu'une seule indication à remplir, qui est de le corriger. Il est donc vrai de dire que la question, *faut-il verser le sang d'un individu,* ou *faut-il lui couper un membre?* sont deux questions parfaitement semblables, et que celui qui est en état de décider l'une est pareillement en état de décider l'autre.

Les cas suivans de pratique qui embarrassent souvent les praticiens prévenus en faveur du système de la pléthore, montreront que les cas en apparence les plus graves sont très-simples et n'exigent jamais la saignée.

Une jeune personne tombe malade à l'époque de la puberté. Les menstrues ne s'établissent point. Pourquoi? parce que le sang est en défaut. C'est ce qu'attestent manifestement la face blême et l'habitude cacochyme du sujet ; et c'est ainsi qu'en jugera toute personne non prévenue de systèmes. Cependant vous versez le sang de la malade; c'est comme si vous disiez : « Cette jeune personne manque de forces; eh bien ! ôtons-lui les forces qui lui restent pour lui rendre celles qui lui man-

« quent ». Sans doute, vous ne raisonnez pas ainsi. Tel est cependant le résultat de votre pratique , puisque vous affoiblissez par la saignée un sujet qu'affoiblit déjà la maladie.

C'est par le même motif qu'on doit s'abstenir de verser le sang des femmes parvenues à ce qu'on appelle leur âge critique. A cette époque, selon les dogmes mêmes de la médecine, le sang des femmes diminue.

Donc il ne peut pécher par abondance.

Donc on ne doit pas le verser.

J'ose dire que ces propositions sont aussi rigoureusement vraies que celle-ci : deux et deux font quatre.

Une femme enceinte tombe malade. Dans cette circonstance le sang menstruel est retenu. Donc , dit la médecine , la retention de ce sang cause la maladie. Mais la raison, que les préjugés n'ont point obscurcie, interrogeant l'ordre de la nature , et voyant qu'une suite invariable de cet ordre est que le sang ne coule point pendant la grossesse , se garde bien d'appeler maladie une loi de Dieu même , et de répandre un sang dont il a suspendu le cours.

Une femme éprouve un accouchement laborieux, et vous la saignez. Mais si les forces sont dans le sang , comme cela est incontestable , il s'ensuit que votre pratique est en contradiction

avec vos intentions, et que voulant accélérer l'accouchement, vous le retardez. Vous administrez
ensuite des cordiaux à la patiente, et vous ne
vous apercevez pas que vous la privez du plus
puissant de tous les cordiaux quand vous répan-
dez son sang. En effet, quelle comparaison peut-on
faire entre les cordiaux, dont l'action est momen-
tanée, et le sang, qui, agissant constamment et
uniformément sur tous les points de l'économie
animale, distribue à tous les organes l'énergie vitale dont il est doué ?

Une femme a ce qu'on appelle une inflammation de l'utérus. Astruc prescrit de tirer six ou
sept livres de sang dans quarante-huit heures, et
en même temps pronostique la mort. Je suis de
son avis. Elle est ici inévitable. Mais est-ce le traitement qui la produit ou la maladie ? Selon Astruc, c'est la maladie; selon moi, c'est le traitement. Si là-dessus vous dites : voilà deux médecins qui diffèrent d'avis; on ne sait auquel croire :
vous direz une chose peu raisonnable, quoique
bien souvent répétée en semblable occurrence.
Cicéron a déjà remarqué qu'il n'y a point d'opinion absurde que les philosophes n'aient soute-
nue. Cependant si à l'opinion absurde de tel ou
tel philosophe, vous opposez l'opinion vraie, un
tiers se montreroit-il bien raisonnable s'il disoit :
voilà deux hommes qui pensent différemment sur

le même objet ; je ne sais à qui croire. Si ces deux hommes disputent sur des choses qui se passent dans la lune ; s'ils ne s'entendent ni l'un ni l'autre, et si la matière qu'ils discutent est réellement incompréhensible, vous faites bien sans doute de laisser là ce sujet de dispute, et vous devez même vous féliciter de n'y rien comprendre. Mais si le sujet de la discussion n'est pas au dessus de l'intelligence humaine ; s'il est trivial, vulgaire ; s'il n'a de repoussant que l'appareil scientifique dont il est accompagné ; s'il ne faut, en un mot, pour le considérer sous toutes ses faces et le bien connoître, que le bon sens le plus ordinaire, c'est, ce me semble, renoncer volontairement à son usage, que de refuser son attention à une matière dont l'examen est aussi facile qu'important ; et s'il étoit enfin impossible de découvrir la vérité sur un point sur lequel deux hommes auroient un avis opposé, presque tout seroit problématique ; car il est bien peu de doctrines qui entraînent l'assentiment universel. Mais ce qui gît en faits est toujours facile à vérifier. Ainsi, si vous êtes réellement incertain entre la doctrine d'Astruc et la mienne, tirez à un sujet bien portant et robuste six ou sept livres de sang en quarante-huit heures ; et l'effet que vous produirez vous apprendra qui d'Astruc ou de moi se trompe.

Ma proposition vous étonne-t-elle, et n'oseriez-vous risquer pareil essai sur un individu bien portant, dans la crainte de lui nuire ? Certes, je suis de votre avis. Mais quelle différence y a-t-il entre deux individus dont l'un est malade et l'autre bien portant ? Il y en a une constante : c'est que l'un est plus foible que l'autre ; car maladie est synonyme d'affoiblissement. Que si le sujet malade est plus foible que celui qui se porte bien, comment croyez-vous pouvoir tenter sur le plus affoibli des deux ce que vous n'oseriez risquer sur le plus vigoureux ? C'est donc votre répugnance à saigner dans un cas où vous ne pouvez disconvenir qu'elle ne soit bien fondée, qui vous montre comment vous devez vous conduire dans tous les autres.

Mais, direz-vous, je suis malade, et j'ai autour de mon lit deux médecins dont l'un me prescrit la saignée et dont l'autre me l'interdit. Je ne puis décider lequel des deux a raison. — Je sais que ce n'est guère le moment de faire l'examen que je vous présente ici ; mais si lorsque vous jouissez de la santé il est probable que vous n'en jouirez pas toujours, c'est en pleine santé qu'il est prudent de faire un examen dont le résultat vous sera utile quand vous l'aurez perdue.

J'ajouterai ici un exemple pris de la question générale de la saignée.

Etre malade d'une maladie par pléthore, c'est

avoir trop de sang, c'est-à-dire trop de forces. Voilà ce que dit la médecine.

D'un autre côté, être malade, c'est être trop foible. Voilà ce que dit la nature.

S'il falloit admettre tout à la fois ce qu'enseigne la nature et ce qu'enseigne la médecine, il s'ensuivroit qu'on est trop foible quand on est trop fort; mais comme ces deux propositions se contredisent, il en faut écarter une. Laquelle ? Il n'y a pas à balancer. L'une est énigmatique, mystérieuse, incompréhensible ; l'autre est connue, expérimentée par tout le monde. C'est donc celle-ci qu'il faut conserver ; c'est ici qu'est la vérité ; et il reste pour certain qu'on est trop foible quand on est malade.

Que s'il est incontestable que la maladie affoiblit ; que s'il est incontestable également que la saignée affoiblit, car ce sont là de ces idées dont il est impossible à tout homme raisonnable de douter, comment peut-on espérer de détruire une cause qui affoiblit en employant un moyen qui affoiblit ? Cela est évidemment impossible. Donc il n'y a pas une seule maladie qui soit non seulement de nature à céder à la saignée, mais encore que la saignée n'aggrave.

Mais, dit-on, il est des cas, tels que le cas d'apoplexie, dans lesquels le cerveau étant affecté, on doit le dégager promptement, et alors on ne peut s'abstenir de la saignée, qui remplit cet ob-jet.—Voici ma réponse que je crois sans réplique.

La saignée diminue le sang. Cela est évident.

Quand on diminue la masse du sang, il en passe moins par le cœur. Cela est tout aussi évident.

Le cœur recevant moins de sang en renvoie moins au cerveau ; et le sang qui parcourt et anime les nombreuses ramifications du cerveau ne peut porter la même plénitude de vie dans toutes, lorsqu'il ne peut se distribuer également dans toutes. Cela est encore évident. Cette théorie n'est qu'un exposé de faits.

Mais quel est l'état du cerveau lorsque l'action du sang qui le vivifie se trouve affoiblie ? C'est un état d'inertie, d'engourdissement, d'assoupissement ; c'est l'invasion apoplectique. Donc la saignée provoque l'apoplexie ; donc la saignée est contraire dans l'apoplexie.

On me montre les vaisseaux sanguins gonflés, tendus et une tumeur considérable qui en est la suite. N'est-il pas visible, ajoute-t-on, que le sang s'est augmenté ? — Voilà devant le feu une cafetière à moitié remplie d'eau. A mesure que le calorique la pénètre, l'eau se soulève et parvient enfin au niveau du vase. Voilà ce qui se passe dans le cas que vous m'objectez. Un principe étranger s'étant introduit dans la masse sanguine, il la soulève, la boursouffle et en augmente l'expan-

sion au point qu'il rompt quelquefois les vaisseaux et s'extravase. Vous pouvez bien , si vous
voulez , ajouter au perdu en versant vous-même
encore une portion du liquide ; mais la cause res-
tant toujours la même , il restera toujours incan-
descent. Verser l'eau de votre cafetière n'est pas
éteindre le feu qui la fait bouillir.

Je ne dois pas aller plus loin sans résoudre une
objection qu'on a faite au dilemme que j'ai pré-
senté en commençant cet écrit.

Tout en convenant que ce dilemme lui *paroît
victorieux* , un journaliste lui trouve *le défaut*
qu'ont , selon lui , *la plupart des dilemmes* , de
n'embrasser *que deux côtés d'une question qui,*
dit-il, *pourroit bien en avoir plusieurs. En effet,*
continue-t-il , *il est clair qu'on auroit pu la poser
aussi de cette manière : Ou vous avez trop de
sang , ou vous en avez une quantité suffisante ,
ou vous n'en avez point assez ; et il est clair
encore que dans le premier cas , la saignée pourroit bien être nécessaire.* (Voyez le *Publiciste* du
26 juillet 1810.)

Je réponds à cette objection par l'exemple suivant. Si je dis à un homme : Ou vos yeux sont en
bon état, ou ils sont malades ; s'ils sont en bon
état, il faut les laisser comme ils sont ; s'ils sont
malades , il faut songer à les guérir : sera-t-on
autorisé à me dire que la question n'est pas tout

entière renfermée dans ce dilemme , et faudra-t-il supposer encore le cas où un individu auroit trop de ses deux yeux ? Il est évident que pour donner plus de latitude à la question , on la rendroit déraisonnable.

C'est là ce qu'on fait , selon moi , quand on met en question si un individu a trop de sang ; il me semble que c'est la même chose que de demander s'il a trop de deux yeux , trop de deux mains , trop de deux pieds , etc.

Il n'importe pas peu , dans la recherche de la vérité , de savoir s'arrêter à propos ; car lorsqu'on dépasse le but , on ne trouve au-delà que brouillards et ténèbres.

Quoi donc , dira-t-on , tout le sang d'un individu lui est-il aussi nécessaire que ses deux yeux ? —Plus nécessaire , à mon avis ; car je crois qu'on pourroit , dans toute circonstance , se faire extirper un œil sans courir danger de mort ; au lieu qu'il n'est pas rare de voir qu'une seule saignée la donne.

Toutefois , je suppose que le sang surabonde : eh bien , la pratique de la saignée ne sera pas plus raisonnable , car ôter l'excès du sang n'est pas guérir le vice qui produit cet excès. Cet excès n'est que l'effet de la maladie ; et ce n'est point procéder selon les règles de l'art de guérir , que de se borner à combattre l'effet qu'elle produit. On ne peut espérer de triompher d'une maladie, que lorsqu'on attaque la cause qui l'engendre.

Ainsi, même en posant l'argument, comme le journaliste dont j'ai parlé veut qu'il soit posé ; même en faisant à mes adversaires toutes les concessions qu'ils désirent, je ne crois pas qu'il leur soit possible de justifier l'usage de la saignée.

Quand on est malade, on auroit besoin d'une augmentation de forces pour repousser la maladie ; au lieu de cela, vous les diminuez par l'effusion du sang. Qu'arrive-t-il ? C'est que la maladie reste ce qu'elle étoit. Je me trompe ; elle prend d'autant plus d'empire que la nature affoiblie lui oppose moins de résistance. Vous deviez faire tête à la maladie, et vous la favorisez ; agir pour le malade, et vous agissez contre lui ! Dans la lutte établie entre le malade et la maladie, la saignée prend toujours parti pour celle-ci.

En résistant à ces idées, les médecins en appellent à l'expérience. Ce mot souvent repété, et rarement bien compris, m'a paru avoir besoin d'une définition ; et j'ai osé la risquer. J'ai appelé ailleurs l'expérience *la raison des faits*.

On doit donc, selon moi, entendre par expérience des règles certaines déduites de faits bien observés. Or, je nie que l'expérience dont on parle ici résulte de faits bien observés. Vous ne citerez pas une seule maladie grave que la saignée seule ait guérie. Vous ne pouvez citer que des maladies combattues à la fois et par la saignée, et par d'autres secours. Mais, dans ces cas-là, est-ce la saignée qui triomphe du péril qui se manifeste à la suite de la saignée, ou est-ce la saignée qui le crée ? pour bien juger, il faut songer qu'elle n'est pas un secours. Elle ne verse rien dans le corps. La saignée est effusion de sang. Or, l'effusion de sang est extraction de forces ; et toute maladie est soustraction de forces. Si vous voulez donc prouver que la saignée guérit les maladies, vous êtes obligé de prouver que l'extraction des forces rend les forces ; et cela n'est pas aisé.

J'ai porté aux partisans de la saignée le défi de citer une seule maladie grave qu'on ait guérie par l'administration seule des saignées (1). M. le docteur Gastellier a publiquement et plusieurs fois attaqué ma doctrine, ainsi qu'on le verra ci-après ; et il n'a pu trouver, dans une pratique de quarante années, une seule observation telle que je la demandois. Galien eût été moins embarrassé ; il en auroit à l'instant fabriqué une pareille à ces mille et une observations évidemment mensongères qui surchargent ses écrits, et dont on peut voir un extrait dans l'écrit que je viens de citer.

----

(1) Voyez mes *Essais de Médecine contre l'usage de la saignée*, pag. 124.

Il est vrai , qu'en fabriquant une observation , Galien n'auroit pas renversé une doctrine que j'ose dire aussi immuable que le roc , puisqu'elle est fondée sur une loi de la nature elle-même. M. Gastellier a mieux fait ; il n'a rien dit ; et je crois pouvoir inférer de ce silence qu'il est impossible à l'art de guérir de produire une observation qui prouve qu'une maladie grave ait cédé à l'emploi seul de la saignée.

Mes adversaires ne sont pas bien fermes sur leurs bases. M. Gastellier entr'autres se trouve-t-il un peu pressé par quelques argumens qui, selon moi il est vrai , paroissent difficiles à réfuter , il répond que je *prêche des convertis* (1). Veut-il décréditer ma doctrine ? Il dit que je suis *seul contre tous* (2). Accordez-vous donc avec vous-même, mon honorable confrère , car ou il n'est pas vrai que vous soyez convertis ; ou il n'est pas vrai que je sois seul contre tous.

J'entrevois bien qu'il vous seroit assez doux de me présenter comme le prédicateur d'une doctrine à la fois si connue qu'elle court les rues, et tellement hardie que chacun la repousse. Mais vous ne pouvez me faire présent de deux ridicules contradictoires, il vous faut donc examiner à part-vous

---

(1) Voyez le *Journal de l'Empire* du 29 octobre 1810.
(2) Voy. le *Mercure de France* du 22 décembre 1810.

quel est celui dont vous voulez m'affubler, et tâ-
cher de vous y tenir. Autrement il ne seroit pas
impossible que cette marche incertaine vous en
donnât un à vous-même et le pire de tous, qui résul-
teroit de la volonté et de l'impuissance de nuire.

Il faut convenir pourtant que, dans l'exercice
de la médecine, mes adversaires sont très-consé-
quens avec eux-mêmes, lorsqu'après avoir supposé
un excès de forces dans l'économie animale, ils
emportent une portion du sang ; car il n'y a pas de
moyen plus assuré d'affoiblir. Mais cet excès de
forces existe-t-il ? En un mot, et voici à quoi se
réduit la question entière : *L'homme est-il plus
fort quand il est malade que lorsqu'il est bien
portant ?*

Et qui sera juge ici ? La nature même des choses montre qu'il n'y a que le malade qui puisse
prononcer. Il n'y a bien évidemment que lui qui
puisse savoir s'il se sent foible ou fort ; et toutes
les lumières qu'on emprunteroit d'ailleurs nefour-
niroient jamais sur ce point aucun renseignement
aussi positif qu'un mot sorti de sa bouche. Ou
tout est problématique, ou cela est certain et incontestable ; et parce qu'avant moi nul ne l'avoit
dit, ce n'est pas une raison pour que cela ne soit
pas vrai. Les vérités les plus simples et les plus
élémentaires ne sont pas celles que les hommes
aperçoivent le plus-tôt.

Mais

Mais voilà un homme frappé d'apoplexie ; peut-il dire s'il est fort ou foible ? — Certes, vous devez bien présumer que lorsque je dis que le malade est la seule autorité à consulter pour savoir s'il se sent foible ou fort, assertion qui se prouve par son exposé seul, je n'entends point parler d'un apoplectique , et qu'on ne doit consulter sur son état que celui dont la maladie n'est pas tellement grave qu'il soit dans l'impuissance de se connoître.

Mais est-il bien difficile de savoir , sans l'apprendre de sa propre bouche, si un apoplectique est foible ou fort ? Il me semble que sa seule attitude s'explique pour lui, mieux qu'il ne pourroit le faire lui-même. [Quoi ! ce malade est abattu , couché par suite de la prostration totale de ses forces , et vous dites que s'il est tombé, s'il ne peut pas se tenir , c'est parce qu'il est trop fort ! Voilà un dogme bien étrange, et qui auroit besoin de bonnes preuves. Le mien l'est un peu moins , et je n'ai nul besoin de prouver qu'un homme qui tombe , et ne peut se tenir , est foible ; car le fait seul confirme ce que j'avance. Cependant j'ai prouvé, j'ai montré d'une part que le vice apoplectique consiste dans la foiblesse du sang , laquelle rend les fonctions du cerveau lentes , paresseuses , inertes , et que de là naît l'assoupissement. J'ai montré , d'autre part , que la saignée, en affoiblissant le sang, y produit le même ralen-

B

tissement qu'on y observe dans l'apoplexie ; et, qu'ainsi que l'apoplexie, la saignée affectant le cerveau, il est impossible qu'elle soit le remède d'un mal qu'elle-même engendre. J'ai expliqué ainsi comment il arrive que l'apoplexie, étant habituellement combattue par la saignée, est ordinairement mortelle ; j'ai montré que lorsqu'on a administré la saignée seule aux apoplectiques, ils ont succombé, et qu'ils ont été rétablis lorsqu'on leur a administré les évacuans. Je peux me tromper, mais il me paroît difficile d'établir plus solidement un point de doctrime médicale (1).

On m'objecte encore que le transport est une preuve de l'augmentation des forces. Je réponds que, pour découvrir de quelle nature est le transport, il faut considérer dans quel moment il survient. Le transport ne s'empare pas d'un homme bien portant ; il survient à un homme qui est malade, qui a la fièvre. Cela montre que le transport est de la même nature, non pas de la santé, mais de la maladie dont il n'est qu'une modification, et un nouveau résultat plus grave encore que celui qui avoit précédé. Or, la maladie est foiblesse ; donc le transport vient de foiblesse. Comme la force morale consiste dans le calme de l'ame,

---

(1) Voyez *Vues sur le Caractère et le Traitement de l'Apoplexie.*

de même la force physique consiste dans l'équili-
bre des humeurs ; et comme l'on prouveroit mal
qu'un individu a une grande force d'ame en ci-
tant l'excès des passions auxquels il se livre , on
prouve mal également les forces d'un malade quand
on montre l'excès des maux qu'il éprouve ; il n'y
a là que des signes de débilité. Et comme ce n'est
qu'en fortifiant l'ame qu'on lui fournit les moyens
nécessaires pour repousser les maux de l'opinion
ou les revers de la fortune, ce n'est pas en affoiblissant le corps qu'on lui rendra l'énergie nécessaire pour triompher des atteintes de la maladie.

On évacue la bile , dit-on encore ; pourquoi
ne pourroit-on pas évacuer le sang ? — C'est comme si l'on disoit : On jette hors de la maison les
ordures qui l'embarrassent, pourquoi n'y jeteroit-
on pas aussi son or ? En effet , il faut distinguer
la bile saine que les organes biliaires séparent du
sang , et qui est un récrément important dans
l'économie animale , de la bile épanchée dans les
premières voies , et qui les surcharge d'un poids
délétère. Pour que la comparaison qu'on m'oppose fût juste , il faudroit que le sang s'épanchât
et s'amassât dans les premières voies comme la bile
s'y épanche et s'y amasse , et qu'on n'évacuât que
le sang qui s'y trouveroit amassé. Mais il n'en est
point ainsi. On perce les vaisseaux pour en tirer
le sang , et cela montre combien cette comparai-

son est défectueuse dans tous ses points, puisqu'on ne perce pas les conduits biliaires pour en extraire le suc qu'ils contiennent. On compare ici des produits morts avec une substance vitale. La différence est donc de la mort à la vie.

Le passage suivant, dans lequel Zimmermann fronde les ennemis de la saignée, me paroît, quoi qu'en dise l'auteur, peu propre à la recommander :

« Un malade a un point de côté ; je lui fais
» faire une saignée le matin : le soir, le point de
» côté augmente ; c'est la saignée, dit-il, qui en
» est cause. Un autre a une inflammation à la
» gorge avec une fièvre violente. Il me fait appeler
» dans les premiers momens de sa maladie : il ne
» peut avaler, mais parler ; je le fais saigner : le
» soir, il ne peut non plus parler ; c'est la sai-
» gnée qui en est la cause (1) ».

Zimmermann, après avoir écrit ce passage, appelle *têtes sans cervelle* ceux qui croient que la saignée aggrave le point de côté et le mal de gorge. Cependant il paroît hors de doute que c'est lui qui se trompe ; que l'art médical seroit nul, et qu'on ne seroit jamais sûr de rien, si, dans l'intervalle de douze heures, on ne pouvoit pas connoître l'effet positif d'un remède héroïque

---

(1) Voyez *Traité de l'Expérience*. Paris, 1774. Tome 2, pag. 244.

tel que la saignée. Dès que la pleurésie et l'angine empirent douze heures après avoir été combattues par la saignée, ainsi que l'observation l'apprend, et que Zimmermann lui-même en convient, c'est une preuve indubitable que la saignée est pernicieuse dans ces maladies; et un rapprochement singulier qui se présente ici à l'appui de ma cause, c'est qu'il n'est pas une des maladies au début desquelles on est dans l'usage d'opposer d'abondantes saignées, qui ne fasse courir un grand danger. J'ai appliqué ailleurs cette remarque à l'apoplexie et à l'hémoptysie. En passant, je le note ici pareillement pour la pleurésie et l'angine, célèbres toutes deux par la promptitude avec laquelle elles enlèvent quelquefois le malade.

Mes idées contre la saignée ayant vu le jour depuis 1807, et ayant été successivement développées dans plusieurs écrits sans éprouver aucune résistance de la part des médecins, hormis de ceux qui travaillent aux journaux, je me prévalus, dans la première édition de ce résumé donnée en 1810, du silence de mes honorables confrères. Je ne présumois pas, je ne pouvois pas présumer que si ma doctrine leur eût paru pernicieuse, nul d'eux n'en eût averti le public quand c'étoit le devoir de tous. Enfin, cet appel fut entendu; et non seulement on rompit le silence, mais on me l'imposa. Ceci n'est pas indigne de quelque attention, car il appartient à la fois, et à l'histoire du despotisme exercé sur la pensée humaine, et à l'histoire particulière de la saignée.

Le 19 octobre 1810, le Journal de l'Empire rendit un compte impartial de mon *Traité contre la saignée* ; et cette matière devint l'objet de l'attention publique. Dix jours après, c'est-à-dire le 29 octobre 1810, le même journaliste publia une longue lettre de M. le docteur Gastellier contre mes principes, et ne me permit pas de les défendre. A la première et à la seconde restauration j'ai renouvelé ma prière à ce journaliste ; et les résistances ont été les mêmes ; en sorte que depuis ce temps ma doctrine est étouffée et la saignée commandée de vive force au public, au détriment de qui il appartiendra.

Je remarque d'abord que cette manière d'attaquer ma doctrine est un argument moral qui la confirme ; car il saute aux yeux qu'on ne l'auroit pas ainsi opprimée, si l'on avoit pu en triompher par le raisonnement.

M. Gastellier ne me laissa pas là. Il publia encore neuf à dix pages dans le Mercure de France contre mes principes, dans lequel il ne me fut pas non plus permis de les défendre.

Quoi donc ! M. Gastellier est-il un ardent défenseur de la saignée ? Voici le résumé de ses dires divers : lorsque je provoquai l'entière proscription de la saignée il répondit dans le Journal de l'Empire du 29 octobre 1810 : *M. Gay prêche des convertis.* M. Gastellier l'est donc lui-même. Cependant un cas lui laissoit des scrupules, c'est l'hémorragie ; et il a écrit dans le n.° du journal que je viens de citer, qu'on ne peut guérir cette maladie sans la saignée. Je niai son assertion et je prouvai la mienne dans le Courrier de l'Europe et des Spectacles du 15 novembre 1810, en m'appuyant d'une observation de Stoll, par laquelle on voit qu'il triompha de l'hémorragie par l'émétique : observation qu'on peut appeler un miracle de l'art lorsque Stoll la fit le premier.

Que répond à cela M. Gastellier ? il dit dans le Mercure de France du 22 décembre 1810, qu'il a fait en 1787, avant Stoll, la même observation. Et la date qu'il lui donne montre que c'est à tort qu'il veut ravir à Stoll la priorité d'un beau travail, puisqu'en 1787 il y avoit déjà cinq à six ans que les écrits de Stoll avoient vu le jour.

En rappprochant donc les aveux faits par Monsieur Gastellier dans le Journal de l'Empire du 29 octobre 1810, de ceux qu'il a faits dans le Mercure de France du 22 décembre 1810, on voit qu'il s'est efforcé d'inspirer au public de l'éloignement pour une doctrine dont il avoit depuis longues années reconnu la bonté.

Cependant il ne m'a pas été permis de publier dans le Journal des Débats une doctrine que M. Gastellier s'est appropriée et qu'il a publiée dans le Mercure de France que je viens de citer, et où il ne m'a pas été permis non plus de me défendre.

Et lorsque ne pouvant me défendre dans ces deux journaux dans lesquels la défense revenoit de droit naturel au public et à moi, car il est manifeste qu'ici nos intérêts sont communs, je prends dans le Courrier de l'Europe et des Spectacles du 15 novembre 1810, l'engagement de prouver la vérité de ma doctrine, dans un hôpital, M. Gastellier me poursuit là encore, et il répond dans le même numéro du Mercure, déjà cité, *qu'on ne se joue pas ainsi de l'espèce humaine.*

Or, on a vu que M. Gastellier est converti sur la saignée; qu'un cas seul lui sembloit d'abord la commander, mais que rappelé par moi aux vrais principes en cette matière, il pense également comme moi sur ce point. D'où il suit, selon M. Gastellier, que je me joue de l'espèce humaine lorsque je veux combattre dans un hôpital l'hémorragie, non par la saignée, mais par l'émétique, c'est-à-dire lorsque je veux pratiquer la médecine comme la pratique M. Gastellier lui-même; d'où il suit rigoureusement encore que c'est mon adversaire qui s'inculpe lui-même de se jouer de l'espèce humaine.

A présent que répondra M. Gastellier si on lui demande pourquoi il a fait l'apologie de la saignée dans le Journal de l'Empire , quand les aveux ultérieurs qu'il a faits dans le Mercure de France nous ont révélé qu'alors il ne pensoit pas ce qu'il disoit ?

Je demande à M. Gastellier ce qu'il fera ; mais comme un homme d'honneur n'a pas ici le choix des partis , on sait d'avance celui que prendra M. Gastellier. C'est ici un tort envers l'humanité fait avec calcul ; l'humanité obtiendra donc une réparation aussi éclatante que l'offense.

On vient de voir que M. Gastellier a fort blâmé la proposition que j'ai faite, de prouver dans un hôpital la vérité des principes nouveaux que je publie. On se convaincra par le passage suivant que, dans un cas de ce genre, le gouvernement n'a point pensé comme M. Gastellier.

« Cependant, dit M. de La Harpe, dès la seconde
» année de son séjour (de Mesmer), quelques
» cures qu'on pouvoit fort bien croire opérées par
» la nature, engagèrent le gouvernement à lui offrir
» vingt mille livres de pension et une maison aux
» frais du roi , où il traiteroit des malades, pour
» éprouver les effets de son système médical, sous
» les yeux de commissaires instruits dans cette
» partie. Cette proposition sembloit devoir con-

(26)

» venir à un homme qui auroit agi de bonne foi ;
» l'utilité de son remède une fois constatée, les
» vingt mille livres de pension lui étoient assurées
» pour la vie, et cette récompense étoit honnête.
» Il refusa, et ce refus parut très-suspect; il donna
» pour raison qu'il ne vouloit pour juges ni *méde-*
» *cins* ni *savans* dont il craignoit la jalousie (1). »

Ce passage montre que M. de La Harpe, dont l'autorité en tout ce qui appartient à celle du bon sens est si respectable, pensoit ainsi que le gouvernement, ainsi que tout le monde, qu'il n'y a pas de plus sûr moyen de constater la vérité d'une doctrine médicale, que le lit des malades.

Sans doute, si lorsqu'ils éprouvent une *douleur très-aigue*, j'ordonnois de *les saigner jusqu'à la défaillance*, ainsi qu'Hippocrate le prescrit; si j'assurois, ainsi que l'ajoute M. Aubry, *qu'une seule saignée, faite à propos jusqu'à la défaillance, soulage bien plus les malades que cinq ou six autres petites saignées faites à plusieurs reprises, dans l'espace de deux ou trois jours* (2), et que je demandasse à prouver, au lit des malades, la vérité de ces assertions, je concevrois la répu-

---

(1) Voyèz *Correspondance Littéraire.* Paris, 1801, Tom. 4, pag. 269.

(2) Voyez *Les Oracles de Cos*, par M. Aubry. Paris, 1781, pag. 679.

gnance qu'on auroit à s'y prêter ; et c'est à une
pratique aussi périlleuse et peut-être criminelle,
puisqu'elle mène l'infortuné qui la subit jusqu'aux
portes de la mort, qu'on peut justement appli-
quer le mot de M. Gastellier, qu'*on ne se joue pas
ainsi de l'espèce humaine*. Mais lorsqu'il s'agit
de rendre le traitement des maladies plus court,
plus agréable et plus sûr; de faire moins soi-même,
et d'attendre davantage des forces de la nature,
en s'occupant sans cesse, non à les affoiblir, mais à
les augmenter ; de réaliser, en un mot, dans un
hôpital cette méthode simple qui avoit tant plu à
M. de La Harpe, qui en avoit éprouvé les heureux
effets dans une maladie grave dont j'eus le bon-
heur de le guérir, et de laquelle méthode il me
félicitoit dans une de ses lettres, en ces termes :
vous donnez peu de remèdes à vos malades; je
ne vois pas, quelle que soit la frayeur qu'en a
voulu inspirer M. Gastellier, où seroit l'inconvé-
nient d'essayer une pareille méthode, ou plutôt de
répéter aux malades d'un hôpital le même traitement que, de l'aveu du gouvernement qui m'y
autorise, j'administre tous les jours aux malades
de la société, puisqu'il m'avoue pour exercer la
médecine dans Paris.

Puisque la suite du discours m'a conduit à parler ici de M. de La Harpe, j'ajouterai que le peu
de philosophie que, selon mes foibles moyens, il

m'a été donné de porter dans l'étude des maladies, a obtenu l'approbation du Quintilien françois, qui dans une autre de ses lettres m'écrivoit ce qui suit : *j'aime à vous entendre parler de médecine, parce que vous en parlez bien.*

Mais quoi! faudra-t-il donc dire avec Sganarelle que nous avons changé tout cela? Je réponds à cet obligeant rapprochement que fit dans le temps le Journal de l'Empire, que si nos ancêtres avoient toujours imité les leurs, les Gaules seroient encore couvertes de forêts. Je tais ici les autres innombrables fruits de la civilisation, dont il n'existeroit pas un seul, si, repoussant sans examen chaque perfectionnement que les inventeurs ont apporté au dépôt commun de l'expérience, on s'étoit borné à leur dire : *quoi! vous voulez changer tout cela!* Oui, sans doute, on propose de changer ce qui est mal; et ce seroit peu la peine de vivre, si l'on n'apprenoit en vivant à faire mieux que nos devanciers. Nous devons nous efforcer, ainsi qu'ils l'ont fait pour nous, de rendre plus salubre la demeure de nos neveux; car c'est assainir l'air d'un pays que d'en épurer la doctrine.

Celle que je défends a cet avantage inappréciable, et qu'elle ne partage avec aucune de celles qui ont jusqu'ici occupé l'esprit humain, que les faits, qui, loin de la contredire, la démontrent, sont néanmoins inutiles pour l'établir. Je n'ai pas besoin de faire intervenir la déposition des hommes pour prouver que deux et deux font quatre. Je m'adresse directement à l'entendement, et la preuve de mon assertion est dans son seul énoncé. Tel est le privilége de l'évidence ; elle se sent et ne se prouve pas. Tel est aussi, je ne crains pas de l'affirmer, celui de la cause que je soutiens et qui s'établit en deux mots :

Le sang est le principe de la vie. Donc la saignée attaque le principe de la vie.

Voilà contre la saignée un traité complet que je crois pouvoir présenter avec confiance à toutes les sociétés savantes de l'Europe, comme étant inattaquable, attendu que les deux propositions dont il se compose ont l'évidence pour garantie.

Bien que, selon l'expression d'Hippocrate , *tout* dans le corps humain *conspire et soit sympathique* (1), et qu'on ne puisse en quelque sorte y assigner ni un commencement, ni une fin, il est vrai de dire pourtant que c'est essentiellement dans le sang que le Créateur a placé le principal mobile de la vie, puisque c'est le sang et le sang seul qui fournit les liqueurs particulières qui vont se distribuer aux divers organes. Il est donc inévitable que,

____

(1) *Confluxio una, conspiratio una, consentientia omnia.* HIPP. de Alim..

plus ou moins, toutes les fonctions languissent, quand vous attaquez la source de toutes les secrétions, c'est-à-dire le réservoir commun où toutes les fonctions puisent la vie.

Mais, dit-on, quand le sang est surabondant ou enflammé, il faut bien le verser. — D'abord, est-il aussi clair pour vous que le sang est surabondant ou enflammé, qu'il est clair pour vous que le sang est le principe de la vie. Vous ne sauriez le dire, et ne pouvez disconvenir que l'instinct naturel, l'évidence elle-même ne vous rendent palpable cette dernière assertion, et que les deux autres ne soient des systèmes qui ne présentent aucune idée nette à votre esprit.

Après cela, considérez que personne n'ayant encore pu découvrir quelle est la quantité de sang que renferme l'économie animale, personne ne peut conséquemment savoir s'il y est en excès. Je crois que cela est sans réplique.

Quant au sang que vous appelez enflammé, sans vous apercevoir que dire d'une liqueur qu'elle s'enflamme, il y a incohérence même dans les termes, j'observe que le sang vivant, le sang renfermé dans les vaisseaux, le seul dont manifestement il s'agit ici, est soustrait aux regards par les nombreuses enveloppes à l'abri desquelles la nature le protége contre les accidens. Si donc vous n'avez jamais vu, ni ne pouvez jamais voir le sang vivant; si., lorsque vous le voyez, il est mort, je vous demanderai comment vous pouvez savoir si le sang vivant est enflammé, et ce que c'est même qu'un sang enflammé. A mon avis , cela est encore sans réplique.

Il est donc démontré que les deux seuls motifs que vous alléguez pour verser le sang humain sont déraisonnables; et je ne vois pas, je l'avoue, comment une démonstration mathématique seroit plus rigoureuse.

Lors donc que, pour faire violence à la nature qui inspire à tous les hommes une répugnance, laquelle même est invincible pour plusieurs, à voir couler leur sang; lorsque, pour être autorisé à violer les lois divines et humaines qui défendent de verser le sang humain , vous devriez venir armé de preuves plus claires que le jour, vous ne présentez néanmoins que deux énigmes qui ne peuvent pas soutenir un moment d'examen !

Direz-vous que les lois n'interdisent que l'homicide? D'abord , comme il est connu que quelquefois une seule saignée éteint soudainement la vie, l'esprit des lois réprouve la saignée ; car leur objet est autant de garantir la sécurité que l'existence.

Un des premiers soins de la médecine, et l'un des principaux préceptes d'Hippocrate, est de ne jamais nuire aux malades. Or, vous leur nuisez actuellement quand vous versez leur sang. Je sais bien que vous leur promettez un avantage à venir : mais le bien est en espérance, et le mal est positif ; le bien reste dans votre imagination, et le mal s'établit sur le patient, à qui la saignée apporte nécessairement, par l'affoiblissement qu'elle traîne à sa suite, ou des infirmités ou la mort.

De plus, les lois ne pouvant s'expliquer que par des dispositions générales, il est manifeste que la loi qui interdit l'homicide partiel est renfermée dans celle qui interdit l'homicide entier. Dès qu'il est défendu de tuer, il est défendu d'affoiblir, car l'affoiblissement mène à la mort, puisque la mort n'est que le dernier terme de l'affoiblissement.

Le malheur de ce travail, c'est qu'il est trop jeune. Mais quand une vérité est tellement évidente qu'elle crève les yeux, qu'avez-vous besoin que le temps encore vous la recommande ?

Pensez-y, car c'est peut-être sur vous que retombera un jour votre indifférence pour elle. Si le préjugé que je tâche de détruire résiste à mes attaques, c'est lui qui vous assistera quand vous serez malade ; et peut-être vous en recevrez la mort pour n'avoir pas secondé celui qui s'efforce de la lui donner.

Notre pauvre planète est tellement le pays classique de l'erreur, que lorsqu'elle s'y est une fois établie,

établie, elle ne le quitte guère plus, attentive seulement à revêtir un habit nouveau quand elle a usé l'ancien. C'est ainsi que la sorcellerie a reparu sous le nom de magnétisme animal. L'art des aruspices se retrouve chez une devineresse moderne, qui cherche avec moins de peine dans les cartes ce que ses devanciers cherchoient laborieusement dans les entrailles des victimes. L'erreur est ainsi devenue plus portative et moins révoltante ; car du moins on n'égorge plus les animaux pour tromper les hommes, ce qui étoit se jouer à la fois des uns et des autres. Saint-Martin a reproduit la doctrine des nombres enseignée par Pythagore et Platon, comme les molécules organiques de Buffon ne sont manifestement autre chose que les atômes de Démocrite et d'Epicure. La plus monstrueuse des erreurs n'a pas eu un sort différent des autres.

On croit généralement que les sacrifices de sang humain, qui ont autrefois désolé toute la terre, en ont disparu ; mais jettez un coup-d'œil sur ce globe si admirable dans tout ce qui est l'œuvre de Dieu, et si souvent digne de pitié dans ce qui est l'œuvre des hommes, et vous verrez, même en temps de paix, le sang couler par-tout. On a changé l'expression ; on a un peu modifié la chose, mais l'erreur n'a pas cédé beaucoup de terrain ; en effet, qu'est-ce que la saignée, si ce n'est pas un sacrifice de sang humain ? Ce sacrifice se faisoit autrefois à des dieux inconnus ; il se fait aujourd'hui à des abstractions inintelligibles. Hormis qu'on ne voit pas toujours la victime succomber subitement, voilà toute la différence ; car si vous mettez de côté les mots qu'on prononçoit autrefois et ceux qu'on prononce aujourd'hui ; et que font les mots à tout cela ? vous trouverez toujours pour conclusion du pathos lithurgique ou du pathos médical, l'effusion du sang humain.

J'ai appris que, dans une de nos petites villes, où mes écrits sont parvenus, un médecin a formellement annoncé qu'il ne visiteroit plus les malades qui se refuseroient à une saignée qu'il auroit prescrite. Seroit-il bien possible, en effet, que vous refusassiez votre service à ceux qui repousseroient la saignée ? Eh bien ! supposons un moment que ce grand malheur leur arrive, voyons ce qui leur restera. D'abord, il conserveront toutes leurs forces ; il est clair que jusques-là il n'y a rien de perdu. L'or qu'ils vous donnoient, ils l'employeront à leurs besoins. Ici, rien de perdu encore ; et comme en leur retirant votre assistance, vous ne leur retirerez pas celle de la nature, il leur restera son instinct conservateur, cet instinct fécond en inspirations, qui seroient souvent si heureuses, si les préjugés ne veilloient autour de lui, pour en arrêter les effets. Vous tenez donc invariablement à votre code de mort ! cela étoit bon pour des temps barbares. Que diroit-on de vous, si vous alliez encore vêtu, comme l'étoit l'inventeur de la saignée ? Eh, mais ! vous êtes cent fois plus hideux ; car, au fond, qu'importe la forme des vêtemens ? la civilisation n'est pas là. Elle consiste principalement dans les triomphes successifs que l'esprit humain a remportés sur l'erreur ; et puisque vous ne sauriez nier que, depuis l'époque dont vous datez toujours, tous les arts ne se soient perfectionnés, pourquoi vous opposez-vous à ce que la lumière qui a éclairé, en la consolidant, jusqu'à la base des sociétés, n'éclaire le vôtre ? Quand je vois un ministre de la santé s'avancer vers ses malades, un fer à la main, je crois voir encore Calchas, le couteau levé sur Iphigénie.

La politique est une bonne chose ; soit. Mais trop est trop ; et vous connoissez mal les François, si vous croyez qu'on peut les occuper toujours du même objet, sans jamais les lasser.

Voulez-vous, ne fût-ce que pour quelques momens, opérer sur les hommes une diversion salutaire ? Faites-les trembler sur leur propre vie, non en frappant leur imagination par le tableau d'un danger chimérique, mais en leur laissant apercevoir le danger réel qui les menace tous, et que conséquemment, ils ont tous intérêt à connoître.

C*

Depuis trente annéce , ils s'enfoncent dans des théories obscures , et ils ignorent si demain , si tout à l'heure, ils ne seront pas engloutis sous le volcan que le préjugé a creusé sous leurs pas. Raffermissez d'abord votre propre maison , et vous songerez ensuite à donner de la stabilité au globe.

Je ne puis craindre que vous, pour qui je fais tous ces efforts, vous puissiez les désapprouver; mais si par hasard ils encourent votre censure, supposez un moment que les fontaines publiques sont empoisonnées, et que vous seul avez découvert la mine d'arsénic sur laquelle l'eau passe; n'en avertiriez-vous pas et le public et l'autorité? Voilà ce que je fais. Libre à vous de continuer à vous abreuver d'une eau malfaisante ; mais cet écrit sera toujours là, qui apprendra à nos neveux que je vous ai averti, et que vous n'avez pas voulu m'entendre.

Tout membre de la légion d'honneur est tenu d'informer le gouvernement des desseins qui peuvent nuire au bien de l'Etat. Je n'ai pas l'honneur d'appartenir à cette légion; mais il n'est pas nécessaire qu'un ruban attaché à la boutonnière nous prescrive nos devoirs. Tout François en trouve l'obligation dans son cœur; et fût-il jamais des entreprises plus dangereuses que celles qui, couvertes du manteau de la bienfaisance, ont surpris l'approbation des magistrats qui veillent à la

sûreté publique , et qui s'exécutent non seulement sans nul remords de la part de leurs auteurs,
lesquels abusés les premiers croient ainsi se rendre
utiles, mais même avec la reconnoissance de ceux
qui en sont continuellement les victimes ? Il me
faut donc vaincre ici des préjugés communs aux
magistrats, aux médecins et aux malades ; c'est-à-
dire triompher de la société entière ! ce n'est pas là
une petite entreprise. Cependant le succès n'en
seroit guère douteux, si chacun connoissoit ici
son véritable intérêt. Lisez donc, et vous saurez
ensuite qui de vos préjugés ou de moi vous rend
le meilleur office.

Ici, j'entends quelqu'un de mes lecteurs me
demander si je ne donne pas à ma petite doctrine
un peu plus d'importance qu'elle n'en mérite, et
s'il ne faudroit pas par hasard que le congrès des
monarques s'occupât de la saignée.

Vous croyez me prêter là une chose ridicule ;
mais ridicule ou non, je le pense ; et c'est dans
toute la sincérité de mon ame que je vous con-
fesse qu'une réunion de tous les souverains de
l'Europe, à l'effet d'en bannir la saignée, seroit,
selon moi, désirable (1). En effet, supposez qu'un

----

(1) La petite fille du maréchal de Munich et mademoi-
selle de Krudener , aujourd'hui madame la baronne de

peuple ennemi de l'Euro a pénétré dans son
sein , et que les individus de cette nation enne-
mie se couvrant du masque de la bienveillance,
de la sollicitude et de l'amitié, se sont glissés dans
toutes les maisons où ils ont pu s'introduire, et
qu'ils immolent tous ceux qu'ils veulent ; voilà
votre saignée. Elle se dit amie des hommes , croit
l'être, le leur persuade; et cependant elle les
égorge! Si ces inculpations sont fausses, j'alarme
mal à propos le genre humain, et je dois être ré-
primé. Si elles sont vraies, je n'en demande pas la
récompense; il n'appartient point aux hommes de
me l'accorder. J'en ai déjà reçu une dans le senti-
ment intime où je suis de faire ici une démarche
utile à mes semblables; je désire seulement qu'ils
prennent en sérieuse considération l'avertissement
que je leur donne, et qui les intéresse bien plus
que moi; car le fléau auquel je fais la guerre ne
m'atteindra jamais, tandis que semblable à l'épée
de Damoclès , la saignée toujours suspendue sur
leurs têtes les menace toutes.

Bergheim, affligées à Paris , en 1804, d'une maladie grave,
m'ayant honoré de leur confiance , et ayant dû l'une
et l'autre le rétablissement de leur santé aux principes
que je viens d'exposer , je désire que ces deux illustres
Dames fassent , pour le succès de l'œuvre à laquelle je
me consacre , les vœux qu'elles ont faits déjà si efficace-
ment pour le triomphe de la légitimité.

Si les considérations que je viens d'exposer, réunies à mon *Traité contre la saignée*, dans lequel j'ai approfondi cette matière autant que mon peu de capacité a pu me le permettre, produisent un commencement de preuves contre la saignée, je demande d'être admis à achever d'instruire son procès dans un hôpital, en y montrant qu'elle est totalement étrangère au traitement des maladies; et que, lorsqu'elle n'entrave pas, par sa désastreuse intervention, l'efficacité des remèdes, toute maladie cède facilement aux moyens destinés à la combattre.

Quand j'exprime le vœu que ma nouvelle méthode de traiter les maladies soit soumise à un examen public, je ne forme point une demande inusitée. Les exemples en sont nombreux; et ce n'est même qu'à l'accueil qu'on a fait successivement à des demandes de ce genre, que nous sommes redevables de plusieurs découvertes qui n'ont pu enrichir l'art de guérir, sans multiplier les moyens de servir l'humanité. Bien que néanmoins l'usage constamment suivi en France soit d'y soumettre à un examen public tous les remèdes importans, avant de permettre qu'ils soient offerts aux François, il est digne de remarque que la saignée n'a jamais subi un pareil examen. Protégée par Hippocrate qui la conseille dans ses écrits, elle s'est, à la faveur de ce grand nom, furtivement glissée au lit des malades : nouveau motif pour permettre l'examen de procédés qui ont pour but de la bannir de l'art de guérir, auquel on voit, par l'historique de son admission, qu'elle n'appartient point à un titre légitime.

La pétition que je présente ici à l'autorité doit-elle être soumise à la décision des gens de l'art? La doctrine des augures et des aruspices n'est plus; mais si toutes les fois que la raison l'attaqua, on eût toujours renvoyé au collége des augures et des aruspices, il est probable que ces doctrines règneroient encore, d'autant que moins extravagantes que celle dont il s'agit ici, elles étoient sur-tout bien moins funestes. Les préjugés sont de mauvais juges d'une doctrine qui n'a pas été formée sous leur inspiration, et qui a pour but de les anéantir.

Que les médecins soient consultés toutes les fois qu'il s'agit de choses médicales, cela est dans l'ordre; mais le sang humain ne fait pas partie du domaine de la médecine. Il est vrai cependant qu'à une époque où les droits des hommes comme les vrais principes de l'art étoient également méconnus, la médecine osa porter la main sur les malades et verser leur sang; et depuis, l'autorité des grands noms et l'habitude ont sanctionné ce que commença l'impéritie unie à l'audace. Mais on ne prescrit jamais contre l'intérêt du genre humain. Une vérité qui protége tous les hommes a tous le hommes pour appui. S'il est un droit sacré sur la terre, c'est sans doute le droit de vivre ; et il ne me semble pas que ce droit ait toute sa garantie chez les nations où la médecine fait publiquement profession de croire que, verser le sang des malades, c'est-à-dire attenter évidemment à leur vie, c'est les secourir.

J'ose donc demander un hôpital, ou un nombre déterminé de malades dans quelque hôpital que ce soit, afin que, sous les yeux des commissaires que l'autorité jugera à propos de choisir, soit parmi les médecins, soit par-tout ailleurs, il me soit permis d'exercer la médecine d'après des erremens plus conformes que les anciens aux indications de la nature : vœu non moins patriotique que médical, car si désormais celui de la nature est plus fidèlement suivi dans le traitement des maladies, la santé des François deviendra moins fragile et plus générale, et la force nationale s'en accroîtra.

Tel étant éventuellement le résultat de la méthode que je propose, il devroit y avoir entre les peuples rivalité pour l'adopter, puisque sans augmenter son recrutement, chaque gouvernement accroîtroit sa force respective. Puisse, une pareille émulation s'allumer entre eux !

Je ne demande ici à traiter que les maladies, parce que n'étant que médecin, je n'exerce que la médecine. Je pense néanmoins que les principes que je viens d'exposer sont applicables à tous les cas chirurgicaux. Je m'en suis expliqué ailleurs, et je n'en dirai ici que deux mots.

Un coup d'épée dans la poitrine doit être considéré comme une hémorragie par cause interne; car, que la cause qui a ouvert le vaisseau soit venue du dehors ou du dedans, c'est l'ouverture seule du vaisseau qui appelle l'attention; et comme on a vu plus haut que la saignée n'est pas le remède de l'hémorragie produite par une cause interne, il s'ensuit que ce n'est pas non plus par la saignée qu'il faut traiter les plaies faites par un coup d'épée.

Quant aux coups, chutes, contusions, etc., comme il est évident qu'aucun de ces accidens n'a pu augmenter le sang, il n'en faut pas répandre. S'est-il raréfié? il faut le condenser. Les digestions ont-elles été dérangées? il faut les rétablir. Une maladie est-elle survenue? il faut la traiter. Il faut, en un mot, s'il y a lieu, faire la médecine. Mais verser du sang n'est que verser du sang, et n'est pas faire la médecine; c'est rester à côté de la difficulté sans la résoudre.

Mais un homme a éprouvé un de ces accidens; on a appliqué les sangsues, et il a guéri. Que direz-vous? — Je dirai qu'il a guéri du mal qu'il s'est fait, et de celui qu'il a reçu.

Cette méthode, de laquelle la saignée est constamment exclue, est-elle plus prompte, plus sûre et plus agréable que l'ancienne? Je le crois fermement. Mais chacun pourra savoir à quoi s'en tenir à cet égard, en comparant les registres de l'hôpital qu'on m'aura confié, avec les registres de plusieurs autres hôpitaux. Le résultat déposât-il contre ma méthode, et j'ai l'espérance qu'il lui sera favorable, la question se trouveroit toujours décidée par un juge irrécusable en ces matières, par l'expérience. Et comme la saignée, ainsi que je l'ai déjà remarqué, n'a jamais subi aucun examen public, ni théorique ni clinique, tandis qu'au contraire un moyen aussi téméraire auroit exigé des épreuves plus longues et plus rigoureuses, je présente ce placet avec confiance à l'autorité paternelle qui nous régit, puisqu'il a pour but d'obtenir l'acquit d'une dette sociale.

Que si je prouve, non par des hypothèses qui n'ont que trop long-temps infesté l'art de guérir, et sur la foi desquelles les hommes livrent à tout moment ce qu'ils ont de plus précieux, c'est-à-dire leur sang et leur or; si j'établis, dis-je, sur des faits dont chaque jour on dressera procès-verbal, que la saignée est toujours inutile au traitement des maladies, faudra-t-il se borner à l'exiler du code médical? Je ne le pense pas. Elle doit être interdite, non seulement comme

un moyen stérile , mais encore comme atten-
tatoire à la vie des hommes. Lors donc que l'art
aura fait son œuvre, ce sera au corps législatif de
tous les pays à faire la sienne.

Comme la saignée ravage peut-être tous les
peuples civilisés, il importe que ce fléau soit par-
tout connu pour ce qu'il est. Il sera donc fait un
hommage de cet écrit à tous les souverains, dans
la personne de leurs ambassadeurs. Mes efforts
ne peuvent s'élever plus haut ; c'est à la Provi-
dence, si elle les juge dignes de sa bénédiction ,
à faire le reste.

Si une vérité, qui, à son apparition, inspira un
intérêt si général ; une vérité niaise à force d'être
évidente , et qui a de secrètes intelligences dans
l'instinct de tous les hommes, avoit eu le cours
libre que le droit naturel, et j'ose dire l'intérêt
public , lui assignoient , je ne fais aucun doute
qu'elle ne fût aujourd'hui connue de tout le monde.
Qui l'a interceptée, et qui l'intercepte encore? Les
journalistes. J'ai remis depuis long-temps à plusieurs d'entre eux mon *Traité contre la saignée;*
et comme nulle loi ne les oblige à donner l'analyse
fidèle d'un livre, ni même à en parler, ils profitent
pour eux de ce que le mien peut avoir de bon , et
en gardent soigneusement le secret au public ; en
sorte que ce travail n'est guère utile qu'à ceux qui
lui font une guerre ou sourde ou déclarée, et que

l'auteur n'a ainsi presque veillé que pour ses ennemis.

On lit dans la Minerve Françoise (1.re livraison)
que *l'autorité frappe sans entendre.* L'autorité qui,
en supprimant un journal, a exercé un droit légal,
n'a pas besoin sans doute que je la justifie. Mais
quelle excuse peuvent alléguer les journalistes?
Pensent-ils que s'ils ne jugeoient pas, sans l'entendre, l'auteur d'un ouvrage sur les sciences, la
littérature ou les arts, la société seroit en péril?
Sur quels titres se fonde l'existence du seul tribunal de la terre, dans lequel le même homme est
à la fois accusateur, avocat, témoin et juge; d'un
tribunal qui va éteignant les lumières , et tuant
conséquemment le commerce de la librairie, lequel
ne vit guère aujourd'hui que par l'impression d'anciens ouvrages, que, faute de nouveaux, on remet
en lumière; d'un tribunal enfin qui, s'il n'est sup-
primé, réduira la nation françoise à ne penser que
ce qu'il plaira aux journalistes qu'elle pense?

On nous en a donné le privilége, disent-ils.
Oui, je sais qu'ils ont le privilége de frapper les
gens sans les entendre, et la prétention de faire de
ce privilége oppressif de la pensée une propriété.

Si cette prétention est fondée; si les journalistes
sont propriétaires exclusifs de leurs feuilles, les
faits exposés plus haut prouvent que les journalistes sont propriétaires de la vie des hommes.

Mais je m'aperçois que ceci peut fournir matière à un traité considérable. Il est au-dessus de mes forces, et parce que cette question ne rentre point dans le cercle habituel de mes études, et parce qu'elle est trop élevée. Je me bornerai donc à lui consacrer ici quelques lignes à part.

TRAITÉ SOMMAIRE

SUR LA CRITIQUE,

Dans lequel on réclame contre l'oppression que les journaux font peser sur la pensée, et l'on provoque la création d'un Tribunal des lumières pour juger les ouvrages.

Que les auteurs qui écrivent sur des matières délicates éprouvent quelque gêne, je le conçois ; et même, lorsqu'il paroît un livre contre le Gouvernement, il seroit mieux, selon moi, d'en faire dix en sa faveur, que de porter dans les journaux des questions que l'auteur n'y a point débattues. Son livre seroit tombé de tout le poids du mépris public dans l'oubli. Votre feuille l'en tire ; elle apprend aux ennemis de l'ordre qu'ils ont là un défenseur. Au lieu d'éteindre le scandale, vous lui donnez des ailes. Faut-il rappeler aux journalistes ce qu'ils savent mieux que moi, savoir que rien ne tue plus sûrement un livre que le silence ?

Mais ils font des phrases. Le char roule poussé par l'amour des peuples ; et ce sont les phrases qui le font rouler !

J'ai tant fait, que nos gens sont enfin dans la plaine.

La Font.

Cependant, si vous croyez utile de faire une guerre publique à des écrits clandestins ; soit. Ce n'est point pour cette classe d'écrivains que je réclame la liberté. Mais jusqu'ici nul tyran n'a gêné les auteurs qui écrivent sur les sciences, la littérature ou les arts. Les journalistes sont les seuls qui ne permettent à personne d'écrire que ce qu'ils veulent bien qu'on écrive. Non qu'ils empêchent d'imprimer ; mais si votre livre leur déplaît, ils le tuent aussitôt qu'il paroît : il vaudroit mieux qu'ils le tuassent avant ; l'auteur y gagneroit le temps et l'or qu'il dépense à le mettre au jour. Que diroit-on d'eux, s'ils alloient dans l'atelier du statuaire briser la statue qu'il vient de faire, ou dans celui de l'ébéniste mettre en pièces les meubles qu'il expose en vente ?

Nulle loi plus sacrée que celle qui autorise la défense individuelle ; et le régime des journaux est fondé sur la violation continuelle de ce principe. Toutes les institutions n'ont pour but que le maintien de la justice ; et les journaux la foulent aux pieds.

Toutefois je ne vous accuse pas de mentir à votre conscience, et d'appeler noir ce que vous voyez blanc. Je ne lis pas dans les consciences, et j'y suppose plutôt une intention droite que malhonnête. J'inculpe non les individus, mais le système. Je me plains de ces jugemens arbitraires qui renversent quelquefois de fond en comble le travail de la vie entière d'un auteur, sans que, témoin de l'injustice qu'on lui fait, il ait le moyen de la repousser : livré ainsi au tourment que dans l'incendie de Rome éprouvèrent les Romains à qui l'on interdisoit d'éteindre le feu mis à leurs maisons.

La terre entière devroit se couvrir de deuil, lorsqu'au sein d'une nation civilisée l'injustice se commet publiquement et avec impunité; et qui est ainsi publiquement déshérité de la justice? c'est l'honneur de l'humanité; c'est Pascal, Bossuet, Buffon.

Ils ne sont pas là. — Non; mais c'est parce que votre institution y est, qu'ils n'y sont pas. Cessez d'opprimer la pensée, et la pensée reparoîtra.

Quoi donc! la Charte ne permet-elle pas de publier ce qu'on veut? Sans doute; mais à quoi sert que la Charte le permette, lorsque les journalistes le défendent? Trouveriez-vous les François libres de bâtir, si aussitôt qu'un d'entre eux a élevé une maison, une compagnie privilégiée

de

de maçons avoit le droit de la démolir? Voilà la liberté dont jouissent les auteurs. Ils sont parfaitement libres de faire tous les frais de sommeil et d'argent qu'exige la publication d'un livre. Mais si *l'Esprit des Lois* paroissoit aujourd'hui pour la première fois, il ne dépendroit que des journalistes d'anéantir le travail de vingt années ; car avilir un ouvrage, c'est l'anéantir ; déchirer un livre, c'est démolir une maison. La loi protège jusqu'à une simple masure ; et les plus hautes productions de la pensée sont sans protection! Il est manifeste que l'ordre social manque ici d'une garantie dont on appréciera l'urgence, si l'on considère que l'incendie d'une maison ne porte préjudice qu'au propriétaire, tandis qu'un bon livre avili est un tort fait à l'humanité entière.

Comme il ne faut pas de très-grandes lumières pour juger les gens sans les entendre, et qu'il est dur d'être jugé sans être entendu, on doit voir le nombre des auteurs diminuer en raison de la multiplication des critiques ; et c'est ce qu'on observe. Aujourd'hui il y a concurrence pour juger, et concurrence pour ne pas être jugé. C'est à qui prononcera sur les livres, et à qui n'en fera pas. Les journaux font disparoître les livres ; car on n'appellera pas des livres, je pense, ce combat de brochures, lequel n'est guère autre chose que la répétition des querelles des journaux.

D

Nous aurions besoin aujourd'hui d'un nouveau siècle de Louis XIV pour réparer nos malheurs, ou pour nous les faire oublier. Le génie des François est là toujours prêt à recommencer cette époque de gloire, quand les mêmes encouragemens la redemanderont. Mais on ne voit pas que nous nous en approchions ; car le moment ne paroît pas éloigné où la nation ne pensera plus que par la tête des journalistes.

Si, étant attaqué dans un livre, un auteur exigeoit que sa défense parût dans votre livre, il seroit excessif. Ce livre étant votre propriété, vous êtes libre d'y faire ce qu'il vous plaît, en répondant toujours à la loi ; car un livre est une action publique, et peut motiver des récompenses nationales ou un châtiment public. Mais si vous attaquez cet auteur dans un journal, c'est tout autre chose. Dans votre livre, vous êtes chez vous ; dans un papier-public, l'auteur est chez lui. Dans tout lieu public, les propriétés de chaque membre de la société sont sous la garantie sociale. Vous faites un journal à l'aide des fonds que vous fournissent les abonnés, qui n'ont pas pu vous autoriser à opprimer leurs concitoyens. L'emplacement sur lequel vous élevez votre édifice est commun ; vous ne pouvez donc l'envahir. Vous devez y laisser toujours une voie libre, afin que chacun y puisse passer quand il a besoin d'y passer.

Il y a plus; même en m'accordant la défense, vous n'avez pas le droit d'attaquer mon livre dans votre journal. Vous déchirez mon habit, vous me le rendez rapiécé, et vous croyez avoir tout réparé! Et le temps et le sommeil que vous m'avez ravis, pouvez-vous me les rendre? Quel est l'homme, quel est l'ouvrage qui reprennent cette fleur de réputation qu'ils avoient avant d'avoir subi l'humiliation d'une justification? De quel droit me traînez-vous sur la place publique pour y rendre compte de mes écrits, dont je ne dois compte qu'à la loi? Encore passe, si c'étoit pour les juger; mais c'est pour les exterminer, puisque si je veux défendre ma propriété, vous me répondez, ainsi qu'on en agissoit aux tribunaux révolutionnaires, que je n'ai pas la parole.

Il faut tout dire pourtant, vous n'exterminez pas tout le monde. Vous nous avez appris vous-mêmes à quel prix on échappe à vos coups, et comment vous donnez à l'un le mérite que vous ôtez à l'autre. Mais je veux écarter de cet écrit les aveux que vous avez publiés à cet égard. Je me montrerois plus sévère que je ne veux l'être, si je citois ici les jugemens que les journalistes ont portés des journaux : réserve qui pourtant affoiblit ma cause; car ces jugemens prouveroient que je

D*

n'ai pas tort de provoquer, dans le régime des journaux, une réforme qu'ils ont jugée eux-mêmes nécessaire.

Que si vous voulez combattre la doctrine d'un livre, rien de plus juste; faites-en un autre. Que vingt, que trente écrivains attaquent ce livre, s'ils veulent; la lutte, n'étant jamais que d'un à un, sera toujours équitable, parce qu'elle sera toujours égale. Mais si vous attaquez un auteur dans une feuille publique qui a cent mille lecteurs, et dans laquelle il ne peut se défendre, ce n'est plus au tribunal de la raison que vous traînez votre adversaire; c'est au tribunal de la force. Ce n'est point un acte social; c'est un procédé révolutionnaire. Loin de mener ainsi la France vers un nouveau siècle de Louis XIV, vous la précipitez vers la barbarie.

Le débit des journaux fait vivre, il est vrai, une certaine quantité de monde; mais il est hors de doute qu'un nombre incomparablement plus grand trouveroit son entretien dans le commerce général de la librairie, s'il recevoit toute l'impulsion que le génie des François est en état de lui donner, et qu'il ne recevra jamais tant que les auteurs feront les livres, et que les journalistes feront les réputations. Il n'y a de légitimes, comme de durables, que celles qui se font et qu'on ne fait pas.

Mais la propriété des journaux! — Si ce que

j'ai déjà dit est vrai, comme je le pense, c'est une étrange propriété que l'exercice public de l'injustice ! Quand tous les tribunaux du monde auroient reconnu une pareille propriété, elle n'en seroit pas plus sacrée. La morale publique, l'intérêt public sont des tribunaux d'appel toujours permanens qui cassent tout ce qui les contrarie. Heureusement il n'y a ici nul reproche à faire aux tribunaux. Je n'en connois aucun qui ait consacré une pareille propriété.

Si les journalistes sont propriétaires de leurs feuilles, ils sont les maîtres d'y publier et d'en écarter ce qu'ils veulent, et peuvent décider ainsi du sort des doctrines et de celui des réputations. Des doctrines ? on en a vu plus haut la conséquence. Des réputations ? elle est la même. Car, en général, les hommes vivant du produit de leur profession, et nul n'en pouvant exercer aucune si on le dépouille de sa réputation, il s'ensuit que les journalistes disposent également, sous ce rapport, de la vie des hommes.

De plus, le Gouvernement ne pouvant violer les propriétés, les journalistes peuvent l'attaquer dans leurs feuilles sans qu'il puisse s'y défendre ; et les voilà aussi propriétaires de la tranquillité publique.

Enfin, comme l'opinion est la reine du monde, il est nécessaire que ceux qui la dirigent soient, à la longue, maîtres de tout : conséquence qui n'est pas non plus hypothétique. On l'a vue réalisée pendant la révolution. Alors les journalistes dirigeoient l'opinion, et ils régloient ou plutôt dérégloient tout.

D'où l'on voit, pour le dire ici en passant, ce que renferme la modeste demande de la liberté que réclament si obstinément les journaux; car il ne leur semble pas que celle dont ils jouissent, à l'exclusion du reste des François, soit encore assez étendue, ce n'est que la suprématie de l'opinion ; ce n'est que la suprématie universelle. Excusez du peu.

Voilà quelques-unes des conséquences qui découlent de ce qu'on appelle la propriété des journaux, suffisantes, ce me semble, pour montrer qu'elle est chimérique. Un journal est un privilége qui, hors les temps révolutionnaires qui ne peuvent faire loi, puisqu'ils étoient eux-mêmes hors de toutes les lois, a toujours émané de l'autorité. Et les engagemens ultérieurs que les journalistes ont contracté, au mépris de la nature des choses, n'ont pas eu le pouvoir de la changer. Ici, comme en tout, la vérité est d'accord avec l'intérêt général ; car si un papier-public pouvoit jamais, contre l'essence même des choses, devenir une propriété privée, nous tomberions sous une aristocratie de plume, qui ne seroit pas moins redoutable qu'aucune qu'on ait encore éprouvée.

Quant à la Charte, que les défenseurs comme les adversaires des journaux croient d'un commun accord favorable à ceux-ci, on sait qu'elle n'en parle pas ; et je crois qu'il ne sera pas difficile de montrer en son temps que l'esprit de la Charte réprouve tout journal, hormis un journal officiel.

On n'a pas oublié les priviléges des anciens nobles, et comment ils étoient parvenus à en faire une propriété. Même procédé de la part de ces nouveaux privilégiés appelés journalistes. A peine leur privilége a-t-il un peu vieilli, qu'ils veulent le faire reconnoître comme une propriété. Mais certes, ce n'est pas le lendemain du jour où les François ont détruit une vieille aristocratie, qu'ils en sanctionneront une nouvelle.

L'abus que je viens de signaler, naît de l'anarchie qui règne encore dans cette partie de l'administration. L'immense département de l'opinion publique, qui demanderoit peut-être un ministère spécial, si l'opinion qui gouverne tout devoit et pouvoit être gouvernée elle-même, reste livré, depuis la révolution, aux divers calculs de l'intérêt privé.

La nature du mal indique le remède. Dès que la critique est un tribunal, elle doit être soumise aux règles qui régissent les tribunaux. Je propose donc d'instituer un *Tribunal des lumières,* pour apprécier le mérite des ouvrages.

Un ouvrage paroît. Dépôt au greffe ; porté à son tour à l'audience ; défendu par l'auteur, combattu par la partie publique. Jugement qui prononce si l'écrit est utile ou dangereux ; foiblement ou puissamment raisonné, etc. Des greffiers rédacteurs rédigeroient les jugemens, qu'on publieroit dans un journal qui porteroit aussi le titre de *Journal des lumières.*

Il est inutile de faire remarquer que ce tribunal deviendroit une chaire permanente d'instruction publique.

Je pense qu'on devroit exiger, sous peine de confiscation, que tout ouvrage nouveau fût déféré au tribunal des lumières. Ce n'est pas attenter aux droits que d'en régler l'exercico. Malgré le droit qu'a tout homme d'aller et de venir où il veut, il a besoin, s'il est François, que la préfecture lui délivre une carte, ou un passeport, s'il est étranger : l'autorité garantissant ainsi aux autres citoyens, que celui qui veut habiter avec eux est un homme de bonnes mœurs. Or, un livre représente l'auteur. Sans doute, la publication des découvertes, des doctrines salutaires est permise ; cependant la prudence veut qu'on prenne des précautions pour empêcher que, sous prétexte d'éclairer le public, on ne l'égare. Un livre ne pourroit donc être admis à circuler qu'après avoir reçu son passeport du tribunal des lumières. Outre que cette censure légale n'auroit rien dont la liberté la plus ombrageuse pût s'effaroucher, puisque la défense accordée aux auteurs en audience publique leur donneroit les moyens de mettre leurs écrits à l'abri des décisions arbitraires de la prévention ou des préjugés, elle diminueroit beaucoup les inconvéniens qui peuvent naître de la liberté de la presse, si même elle ne les anéantissoit.

Le journal des lumières se produisant sous les auspices d'un tribunal, inspireroit nécessairement une grande confiance, et seroit d'un produit considérable ; on y trouveroit des fonds pour l'entretien du tribunal et de plusieurs victimes du malheur des temps.

Faudroit-il un grand et un petit tribunal des lumières ; celui-ci consacré à juger les brochures ? Je ne sais. Si l'on adopte le fond de l'idée, les accessoires en naîtront d'eux-mêmes.

Le petit nombre de chefs de l'entreprise des journaux perdroit à cette réforme ; et, attendu l'opulence dont jouissent ces grands régisseurs de l'opinion, ils ne seroient guère à plaindre. Quant aux rédacteurs naturellement appelés à remplir plusieurs des places nombreuses qu'offriroient ces nouveaux établissemens, ils y trouveroient une existence indépendante et plus honorée que celle qu'ils ont aujourd'hui.

En finissant, je forme le vœu que la saignée et

le despotisme que les journaux exercent sur les ouvrages cessent d'affliger les François, afin que désormais ils puissent jouir dans toute leur plénitude, et du droit de vivre et du droit de penser.

J'aime à espérer que mes foibles écrits, confiés à la garde de l'intérêt public auquel ils sont consacrés, parviendront à la postérité. Les ouvrages des médecins mes contemporains, lui parviendront aussi. On trouvera dans les derniers toute cette partie systématique et idéale qui concerne l'inflammation du sang, la pléthore du sang, etc. et l'on prendra tout ce fatras pour de la mythologie.

Les miens arriveront purgés de ces principes pernicieux, et, sous ce rapport, deviendront également inutiles, attendu qu'alors la doctrine qui prescrit de ne jamais verser le sang des malades sera triviale.

Le genre humain témoigne quelquefois sa reconnoissance à ceux qui ont bien mérité de lui, en leur consacrant des monumens. Il s'en élève ici un de lui-même qui sera impérissable. Tant que le sang circulera dans les veines des hommes, ils se souviendront que l'un des plus ignorans d'entre eux a fait tout ce qui a dépendu de lui pour le leur conserver.